प्रिय अभिषेक, जन्म-दिन पर लो

बहुत बधाई, प्यार।

यह शुभ प्रात, सुदिन

सुख-सन्ध्या, आए बारम्बार

चिरंजीव अभिषेक की, चौथी वर्षगाँठ

अथवा पाँचवें जन्मदिन पर, अभिषेक बच्चन

श्वेता बच्चन, नीलिमा बच्चन

नम्रता बच्चन, नयना बच्चन

भीमकर्मा बच्चन, और पिंकी-आशु को

दादा जी के, आशीष-प्यार के साथ

- हरिवंशराय बच्चन

5 फरवरी 1980

खट्टे अंगूर

एक लोमड़ी खोज रही थी
जंगल में कुछ खाने को,
दीख पड़ा जब अंगूरों का
गुच्छा, लपकी पाने को।

ऊँचाई पर था वह गुच्छा,
दाने थे रसदार बड़े,
लगी सोचने अपने मन में
कैसे ऊँची डाल चढ़े।

नहीं डाल पर चढ़ सकती थी
खड़ी हुई दो टाँगों पर,
पहुँच न पाई, ऊपर उचकी
अपना थूथन ऊपर कर।

बार-बार वह ऊपर उछली
बार-बार नीचे गिर कर
लेकिन अंगूरों का गुच्छा
रह जाता था बित्ते भर।

सौ कोशिश करने पर भी जब
गुच्छा रहा दूर का दूर
अपनी हार छिपाने को वह
बोली, खट्टे हैं अंगूर।

चंचल तितली

रंग-बिरंगे पर फड़काती,
तितली जब बगिया में आती।
सब बच्चों के मन को भाती,
सब बच्चों का जी ललचाती।

फूलों के ऊपर मँडराती,
पत्तों के पीछे छिप जाती।
रंगत कैसे इतनी पाती,
नहीं किसी को भी बतलाती।

जी में आता उसे पकड़कर
हम अपने घर में ले आएँ
अपनी दादी को दिखलाएँ,
अपने दादा को दिखलाएँ

यह चंचल-चालाक बड़ी है;
हाथ किसी के कभी न आती।
हाथों की छाया भी उस पर
पड़ी कि वह चट से उड़ जाती।

तितली रानी, बोल सको तो
इतना तो जाओ बतलाती।
मुझको याद तुम्हारी आती,
मेरी याद तुम्हें भी आती?

हंस

तुमने हंस कभी देखा है?
देखी तो होगी तस्वीर।
कितना उजला, कितना सुन्दर
कितना उसका सुगढ़ शरीर।

लम्बी-लचकीली गर्दन है,
जैसे उठती हुई लहर।
डैने, धरे पीठ पर जैसे,
फूल कमल के उल्टे कर।

ठण्डे देशों का वह वासी,
ठण्डक उसको है सुखकर।
आसमान में भी उड़ सकता,
तिर सकता है पानी पर।

धरती पर जब चलता, लगता,
धरती जैसे सुख पाती।
इससे सुन्दर चाल किसी की
नहीं कहीं मानी जाती।

और समझदारी भी इसकी
जग में जानी-मानी है,
मैंने कभी बड़े-बूढ़ों से
ऐसी सुनी कहानी है।

पानी-दूध मिलाकर रख दो
हंस नहीं धोखा खाता।
पानी छोड़ दिया करता है
दूध-दूध वह पी जाता।

काला कौआ

उजला - उजला हंस एक दिन
उड़ते - उड़ते आया,
हंस देखकर काका कौआ
मन - ही - मन शरमाया।

लगा सोचने उजला-उजला
मैं कैसे हो पाऊँ—
उजला हो सकता हूँ
साबुन से मैं अगर नहाऊँ।

यही सोचता मेरे घर पर
आया काला कागा,
और गुसलखाने से मेरा
साबुन लेकर भागा।

फिर जाकर गड़ही पर उसने
साबुन खूब लगाया;
खूब नहाया, मगर न अपना
कालापन धो पाया।

मिटा न उसका कालापन तो
मन - ही - मन पछताया,
पास हंस के कभी न फिर वह
काला कौआ आया।

लालची बंदर

एक समय की बात बताऊँ!
कई दिनों का भूखा बंदर
खाने को कुछ पा जाने को
घूम रहा था इधर - उधर।

दिया दिखाई उसको सूने
घर में रक्खा एक घड़ा।
और घड़ा भी भुने हुए
कुरमुरे चनों से भरा पड़ा।

दोनों हाथ साथ बंदर ने
फौरन दिए घड़े में डाल।
चने भरी मुट्ठियों को वह
लेकिन पाया नहीं निकाल!

घड़ा बहुत छोटे मुंह का था,
हाथ निकल न पाता था।
और लालची बंदरमल से
चना न छोड़ा जाता था।

फिर-फिर कोशिश करते-करते
बहुत लग गई उसको देर।
बस आ पहुँचे डण्डा लेकर
घर के मालिक रामसुमेर।

अब खुद सोच तुम्हीं सकते हो
बंदर पर जो कुछ बीती।
श्वेता औ अभिषेक बताओ
बंदर ने क्या गलती की?

प्यासा कौआ

आसमान में परेशान-सा
कौआ उड़ता जाता था,
बड़े ज़ोर की प्यास लगी थी
पानी कहीं न पाता था।

उड़ते-उड़ते उसने देखा
एक जगह पर एक घड़ा,
सोचा अन्दर पानी होगा,
जल्दी-जल्दी वह उतरा।

उसने चोंच घड़े में डाली
पी न सका लेकिन पानी,
पानी था अन्दर, पर थोड़ा
हार न कौए ने मानी।

उठा चोंच से कंकड़ लाया,
डाल दिया उसको अन्दर,
बड़े गौर से उसने देखा
पानी उठता कुछ ऊपर।

फिर तो कंकड़ पर कंकड़ ला
डाले उसने अन्दर को
धीरे - धीरे उठता - उठता
पानी आया ऊपर को।

बैठ घड़े के मुँह पर अपनी
प्यास बुझाई कौए ने,
मुश्किल में मत हिम्मत हारो
बात सिखाई कौए ने।

ऊँट गाड़ी

ऊँटों का घर रेगिस्तान–
फैला बालू का मैदान।
वहाँ नहीं उगती है घास,
पानी नहीं, लगे यदि प्यास।

कहीं-कहीं बस उग आती है
छोटी झाड़ी काँटे-दार,
भूख लगे तो ऊँटराम को
खाना पड़ता हो लाचार।

चलते - चलते दो ऊँटों ने
आपस में की एक सलाह;
कहा एक ने, चलें बम्बई।
कहा दूसरे ने, भई वाह!

चलते - चलते, चलते - चलते
दोनों पहुँचे सागर - तीर;
लोग देखकर उनको बोले,
इनका कैसा अजब शरीर।

छोटा-सा सिर, लम्बी गर्दन,
लम्बी टाँगें, उचकल चाल।
नन्ही-सी दुम, पीठ तिकोनी,
सब तन पर बादामी बाल।

देख जानवर यह अजूबा।
सूझा लोगों को खिलवाड़।
खूब रहेगा जो खिंचवाएँ
इनसे गाड़ी पहिएदार।

ऊँटराम अब जुत गाड़ी में
रहे खींचते इस-उस ओर,
लद गाड़ी में नौ-दस बच्चे
हँसते, गाते, करते शोर।

कछुआ और खरगोश

एक नदी-तट पर रहते थे
कछुआ एक, एक खरगोश,
धीमी, तेज़ चाल के थे, पर
मित्र पुराने, जब से होश।

नदी-किनारे खेल-कूद का
मेला लगता था हर साल,
जंगल के जानवर इकट्ठा
हो, रहते थे डेरा डाल।

एक साल की बात, हुआ तै
दौड़ें कछुआ औ' खरगोश।
कछुआ झिझक रहा था लेकिन
सबने उसे दिलाया जोश।

चला तेज़ खरगोश राह में
हरी-हरी फैली थी घास,
खा भर-पेट लगा वह सोने,
नींद कर गई सत्यानाश।

कछुआ चलता गया बराबर,
ठहरा कहीं नहीं पल भर;
जब जागा खरगोश तो कछुआ
पहुँच गया था मंज़िल पर।

धीमी चाल भले हो, लेकिन
लगातार जो चलता है,
अपनी मंज़िल को पाने में
मिलती उसे सफलता है।

गिदगिदान

एक बड़ा-सा गिदगिदान जो, रोज़ 'लॉन' में आता है,
मुझको ऐसा लगता जैसे, बिस्तुइया का दादा है।
कीड़े और मकोड़े जो भी, पाता चट कर जाता है,
कभी झुकाता नीचे को सिर, ऊपर कभी उठाता है।
हरी घास पर पंजों के बल, जल्दी-जल्दी चलता है,
रुकता थोड़ी देर जहाँ पर, अपना रंग बदलता है।
समय-समय जो रंग बदलते, गिदगिदान कहलाते हैं,
उनके पीछे चलने वाले, अक्सर धोखा खाते हैं।
एक बड़ा-सा गिदगिदान जो, रोज़ 'लॉन' में आता है।
मुझको ऐसा लगता जैसे, बिस्तुइया का दादा है।

बंदर-बाँट

बाल-नाटक

स्थान : यह नाटक किसी खुली जगह पर या किसी बड़े कमरे में खेला जा सकता है।

पात्र-पोशाक : इसके तीन पात्र हैं— एक बंदर, दो बिल्लियाँ। सात-आठ बरस का लड़का बंदर का, पाँच-छह बरस की लड़कियाँ बिल्ली का पार्ट कर सकती हैं।

बंदर के लिए चाहिए—पीला चूड़ीदार पाजामा, कुर्ता और दुपट्टा, जो कमर में पूँछ-सी निकालकर बाँधा जा सकता है; और मुँह पर लगाने के लिए बंदर का चेहरा जिसमें आँखों और मुँह की जगह इतने बड़े छेद हों जिनसे देखा-बोला जा सके।

बिल्लियों के लिए चाहिए—काली-सफेद सलवारें, कमीज़ें, दुपट्टे जो कमर में पूँछ-सी निकालकर बाँधे जा सकते हैं; और मुँह पर लगाने के लिए काले-सफेद बिल्लियों के चेहरे जिनमें आँखों और मुँह की जगह इतने बड़े छेद हों जिनसे देखा-बोला जा सके।

सामान : एक मेज़, एक बड़ा मेज़पोश या बड़ी चादर, डबलरोटी का एक टुकड़ा, एक छोटी तराज़ू।

(पहला दृश्य—कोई कमरा)

(कमरे के बीच में एक मेज़ है, जिस पर मेज़पोश ऐसे पड़ा है कि आगे से ढका है, मेज़ पर एक डबलरोटी का टुकड़ा है। मेज़ के नीचे एक तराज़ू रखा है, पर दिखाई नहीं देता।) (म्याऊँ-म्याऊँ की आवाज़ होती है और दाहिनी तरफ से काली बिल्ली और बायीं तरफ से सफेद बिल्ली प्रवेश करती है।)

काली बिल्ली : बिल्ली बहन, नमस्ते!

सफेद बिल्ली : नमस्ते बहन, नमस्ते!

काली बिल्ली : अच्छी तो हो?

सफेद बिल्ली : अच्छी क्या हूँ, भूखी हूँ।

काली बिल्ली : मैं भी भूखी।

सफेद बिल्ली : खाने को कुछ ढूँढ़ रही हूँ।

काली बिल्ली : उसी खोज में मैं भी निकली।

सफेद बिल्ली : मुझे महक रोटी की आती।

काली बिल्ली : हाँ, मेरी भी नाक बताती, पास कहीं है।

सफेद बिल्ली : रखी मेज़ पर है वो रोटी।
लपकूँ? कोई आ न जाए तो........

काली बिल्ली : तू डर; मैं तो लेने चली.........

(काली बिल्ली लपकती है और रोटी लेकर भागने लगती है)

सफेद बिल्ली : ठहर, कहाँ भागी जाती है रोटी लेकर, रोटी मेरी।

काली बिल्ली : रोटी तेरी! कैसे तेरी? रोटी मेरी।

सफेद बिल्ली : मैं न दिखाती तो तू जाती?

काली बिल्ली : अच्छा, क्या मैं खुद न देखती?
क्या मेरे दो आँख नहीं हैं? डरती थी उस तक जाने में!
जा, डरपोक कहीं की, जा भग, रोटी मेरी।

सफेद बिल्ली : रोटी, कहे दे रही, मेरी। मैं ले जाने तुझे न दूँगी।

काली बिल्ली : देख, राह से मेरी हट जा। ले जाऊँगी, तुझे न दूँगी।

सफेद बिल्ली : देखूं, कैसे ले जाती है! जो पहले देखे हक उसका है रोटी पर!

काली बिल्ली : पहले दौड़े, दौड़ के ले ले

पहले उसका हक रोटी पर।

रोटी पर पहला हक मेरा।

सफेद बिल्ली : मैं कहती हूँ, रोटी मेरी।

काली बिल्ली : मैं कहती हूँ, रोटी मेरी।

(दोनों झगड़ती हैं, 'रोटी मेरी', 'रोटी मेरी' कहकर एक-दूसरे पर गुर्राती हैं)

(बंदर का प्रवेश)

बंदर : क्यों तुम दोनों झगड़ रही हो?

तुम कहती हो रोटी मेरी। (सफेद बिल्ली से)

तुम कहती हो रोटी मेरी। (काली बिल्ली से)

रोटी किसकी?

मैं इसका फैसला करूँगा।

चलो कचहरी, मेरे पीछे-पीछे आओ।

(बंदर दोनों से छीनकर रोटी अपने हाथ में लेकर चलता है, दोनों बिल्लियाँ पीछे-पीछे जाती हैं।)

❖ ❖ ❖

(दूसरा दृश्य — बंदर की कचहरी)

(बंदर मेज़ पर बैठा है। रोटी का टुकड़ा सामने रखा है। दोनों बिल्लियाँ मेज़ के सामने इधर-उधर खड़ी हैं।)

बंदर : (सफेद बिल्ली से) बोलो, तुमको क्या कहना है?

सफेद बिल्ली : श्रीमन् पहले मैंने ही रोटी देखी थी,
इससे रोटी का पूरा हक मेरा बनता है।

बंदर : (काली बिल्ली से) बोलो, तुमको क्या कहना है?

काली बिल्ली : श्रीमन् पहले मैं झपटी थी रोटी लेने,
इससे रोटी पर मेरा हक पूरा बनता।

बंदर : (सफेद बिल्ली से) एक आँख से देखी थी, या दो आँखों से?

सफेद बिल्ली : दो आँखों, दोनों आँखों से।

बंदर : (काली बिल्ली से) एक टाँग से झपटी थी या दोनों टाँगों से?

काली बिल्ली : दो टाँगों से, दोनों टाँगों से।

बंदर : तुम दोनों का था गवाह भी?

दोनों बिल्लियाँ : कहीं न कोई।
कहीं न कोई।

बंदर : बात बराबर। बात बराबर।
है मेरा फैसला कि रोटी तोड़-तोड़कर तुम्हें बराबर दे दी जाए।
मेरे पास धरम-काँटा है।

(बंदर मेज़ के नीचे से तराज़ू निकालकर लाता है। रोटी को दो हिस्सों में तोड़कर दोनों पलड़ों पर रखता है और तराज़ू उठाता है। एक पलड़ा नीचे रहता है, दूसरा ऊपर)

बंदर : यह टुकड़ा कुछ भारी निकला।
इसमें से थोड़ा खा करके हल्का कर दूँ। **(खाता है)**

(फिर तराज़ू उठाता है। अब पहला पलड़ा ऊपर हो जाता है, दूसरा नीचे)

बंदर : अब यह टुकड़ा भारी निकला।
अब इसको थोड़ा खा करके हल्का कर दूँ।

(फिर तराज़ू उठाता है। अब पहला पलड़ा नीचे हो जाता है, दूसरा ऊपर)

बंदर : अब यह टुकड़ा भारी निकला। टुकड़े भी कितने खोटे हैं, एक दूसरे को छोटा दिखलाने में ही लगे हुए हैं।
मुँह थक गया बराबर करते। और तराज़ू उठा-उठाकर हाथ थक गया।

(बिल्लियों को बंदर की चालाकी का पता चल गया और वे हाथ मलती हुई बड़ी उदासी से एक-दूसरे को देखती हैं।)

सफेद बिल्ली : आप थक गए, अब न उठाएँ और तराज़ू।

काली बिल्ली : बचा-खुचा जो उसको दे दें; हम आपस में बाँट खाएँगी।

बंदर : नहीं, नहीं, तुम फिर झगड़ोगी। मैं झगड़े की जड़ को ही काटे देता हूँ।
बचा-खुचा भी खा लेता हूँ।

(इतना कहकर बची-खुची रोटी भी बंदर खा जाता है और तराज़ू लेकर भाग जाता है)

दोनों बिल्लियाँ : आपस में झगड़ा कर बैठीं
बुद्धि अपनी खोटी।
अब पछताने से क्या होता,
बंदर हड़पा रोटी।